D1683491

VOM MORGEN ZUM ABEND IM DORF

Eugen Sauter

Vom Morgen zum Abend im Dorf

Schwäbische Fotografien aus den 50er Jahren

Wartberg Verlag

1. Auflage 1999
Alle Rechte vorbehalten, auch die des auszugsweisen Nachdrucks
und der fotomechanischen Wiedergabe.
Druck: Grindeldruck, Hamburg
Buchbinderische Verarbeitung: Büge, Celle
© Wartberg Verlag GmbH
34281 Gudensberg-Gleichen, Im Wiesental 1, Tel. 05603/93050
ISBN 3-86134-505-6

Vorwort

Für den Autor Eugen Sauter gehörte die Beobachtung des volkstümlichen Lebens zu seinem Alltag im Dorf, wo er als Lehrer und Leiter einer zweiklassigen Schule tätig war. Er fühlte sich dazu von seinem Beruf her bewogen, um die Lebens- und Erfahrungswelt seiner Schulkinder so gut wie möglich kennenzulernen, denn es galt ja, daran mit der Unterrichtsarbeit anzuknüpfen. Das Konservieren dieser alltäglichen Beobachtungen in Form fotografischer Aufnahmen entwickelte sich zum Steckenpferd des Lehrers, mit dem er hin und wieder nicht nur das Programm eines Dorfabends bereichern konnte, sondern mit dem er auch das Interesse von Wissenschaftlern in Tübingen und Stuttgart erregte. Damit gelangten Teile seiner Bilder auch bis in den Ablauf von Lehrgängen an den Akademien für Lehrerfortbildung des Landes Baden-Württemberg. Zu den von der Landesbildstelle Württemberg herausgegebenen und für die Archive der Kreisbildstellen vervielfältigten Lichtbildreihen unterschiedlicher Inhalte gehörten auch einige Bildfolgen, bei denen Eugen Sauter für Aufnahmen und Begleittext verantwortlich zeichnete noch ehe er mit der Leitung der Medienstelle für den Stadt- und den Landkreis Ulm im Nebenamt beauftragt wurde. Vor seiner Versetzung nach Ulm fertigte Eugen Sauter gewissermaßen als Abschiedsgeschenk für seinen bisherigen Dienstort eine Tonbildreihe an, deren Teile II und III den Jahres- und den Tageslauf eines Dorfes in den 50er Jahren zum Inhalt haben. Aus diesem Angebot wählte der Wartberg Verlag an Bildern aus, was die Seiten dieses nunmehr fünften Bandes von Eugen Sauter füllt.

Die Absicht des Verfassers, in der Stadt geboren und dort aufgewachsen, dem Dorf und seinen Bewohnern mit der konservierenden Arbeit des Fotografierens ein Denkmal zu setzen, fand ihre nachdrückliche Verwirklichung eigentlich erst durch die Initiative des Wartberg Verlags mit der Herausgabe von Eugen Sauters Bildbänden.

Peter Wieden

Dem Frühstück, volkstümlich dem Morgenessen, voraus geht die Arbeit im Stall, denn nahezu jedes Anwesen betreibt noch Viehhaltung. Also muß dort zuerst gefüttert, gemistet und gemolken werden, ehe man sich in der Stube an den Tisch setzen und an sich selber denken kann. Es gibt Milchsuppe, das ist mit heißer Milch übergossenes, fein geschnittenes Roggenbrot. Selbstredend stammt es auch aus eigener Herstellung. Vor dem Frühstück spricht die Mutter wie bei jeder Mahlzeit ein Tischgebet, und dem Morgenessen schließt sich die Andacht an mit Lesung der Tageslosung und eines Bibeltextes. Außerdem ist ein Andachtsbuch im Gebrauch, wie im Bild zu sehen ist. Dann macht man sich an die weitere Arbeit des Tages. Das Tagesblättchen des Neukirchener Abreißkalenders ist nach dem Mittagessen an der Reihe.

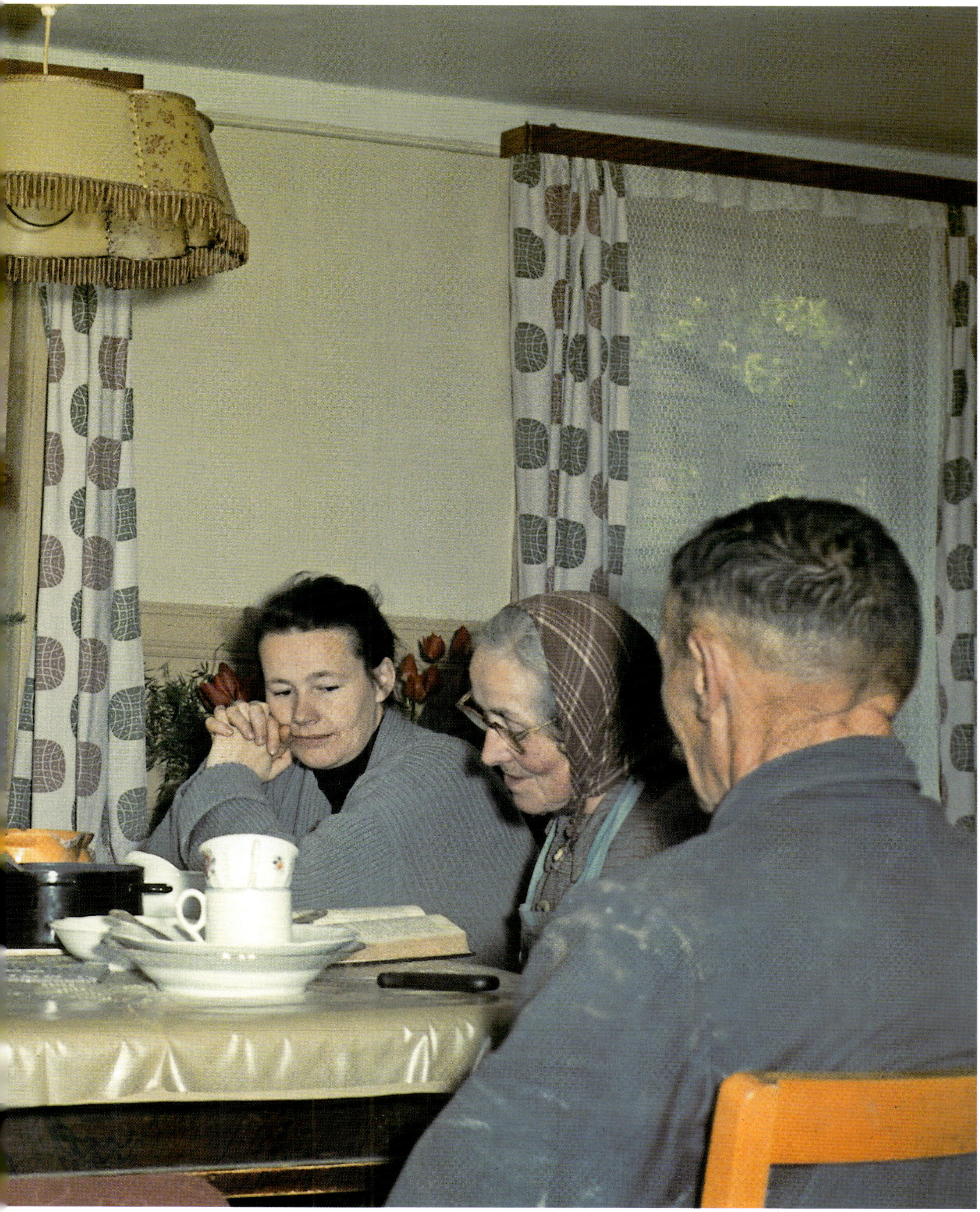

Noch vor Sonnenaufgang haben sich Vater und Sohn auf den Weg gemacht hinaus in eines der Trockentäler. Deren Wiesen bilden das natürliche Grünland der Dörfer auf der Alb. Von Hand oder mit dem von Pferden gezogenen Grasmäher geht es an das Mähen des vom Tau triefend nassen Grases.

Auf dem anderen Bild sind auch Vater und Sohn im Schein der Abendsonne bei der gleichen Arbeit. Der Vater „tut das Gemähte mit dem Rechen weg". Es bleibt dann zum Trocknen liegen, weil man es als Öhmd haben will. Daher muß es mehrfach verschüttelt und später gewendet werden.

Wer ein Gespür für Stimmungen hat, mag darüber streiten, was schöner ist im Dorf, der frühe Morgen oder der Abend. Aber wer hat schon Zeit, Stimmung und Idyll solcher Art zu genießen, stecken doch vor allem die Sommer- und die folgenden Herbsttage voll Arbeit von früh bis spät.

In der Schule hat der Unterricht um sieben Uhr mit einem geistlichen Lied oder einem Kanon begonnen, der hier paßt: „Wachet auf, wachet auf, es krähte der Hahn. Die Sonne betritt ihre goldene Bahn" Die große Hüle liegt noch im tiefen Schatten des Schulhauses.

Foto oben: Von der dem Frühstück vorausgehenden Arbeit im Stall war schon die Rede. Auf größeren Höfen erleichtert bereits die Maschine das Melken. Auf dem Bild werden die Melkbecher angesetzt.

Foto rechts: Seit der letzten Jahrhundertwende unterhält die Genossenschaft, zu der sich alle Landwirte des Dorfes zusammengeschlossen haben, eine Milchsammelstelle, volkstümlich bekannt als die „Molke". Jeder Betrieb liefert dort am Morgen wie am Abend seine Milch aus dem eigenen Stall ab.

13

Foto oben: Der Blick auf die Kirchenuhr zeigt, daß es noch früh am Tage ist. Die vielen Handwagen und das Leichtmotorrad mit Anhänger verraten den Hochbetrieb, der trotz der frühen Stunde schon in der Molke herrscht mit dem Abliefern der Morgenmilch und der Rücknahme von Magermilch.

Foto rechts: Haushalte, die Milch kaufen müssen, können einmal pro Woche beim Rechner der Genossenschaft Papiermarken erwerben. Dann wickelt sich der Kleinverkauf bargeldlos ab.

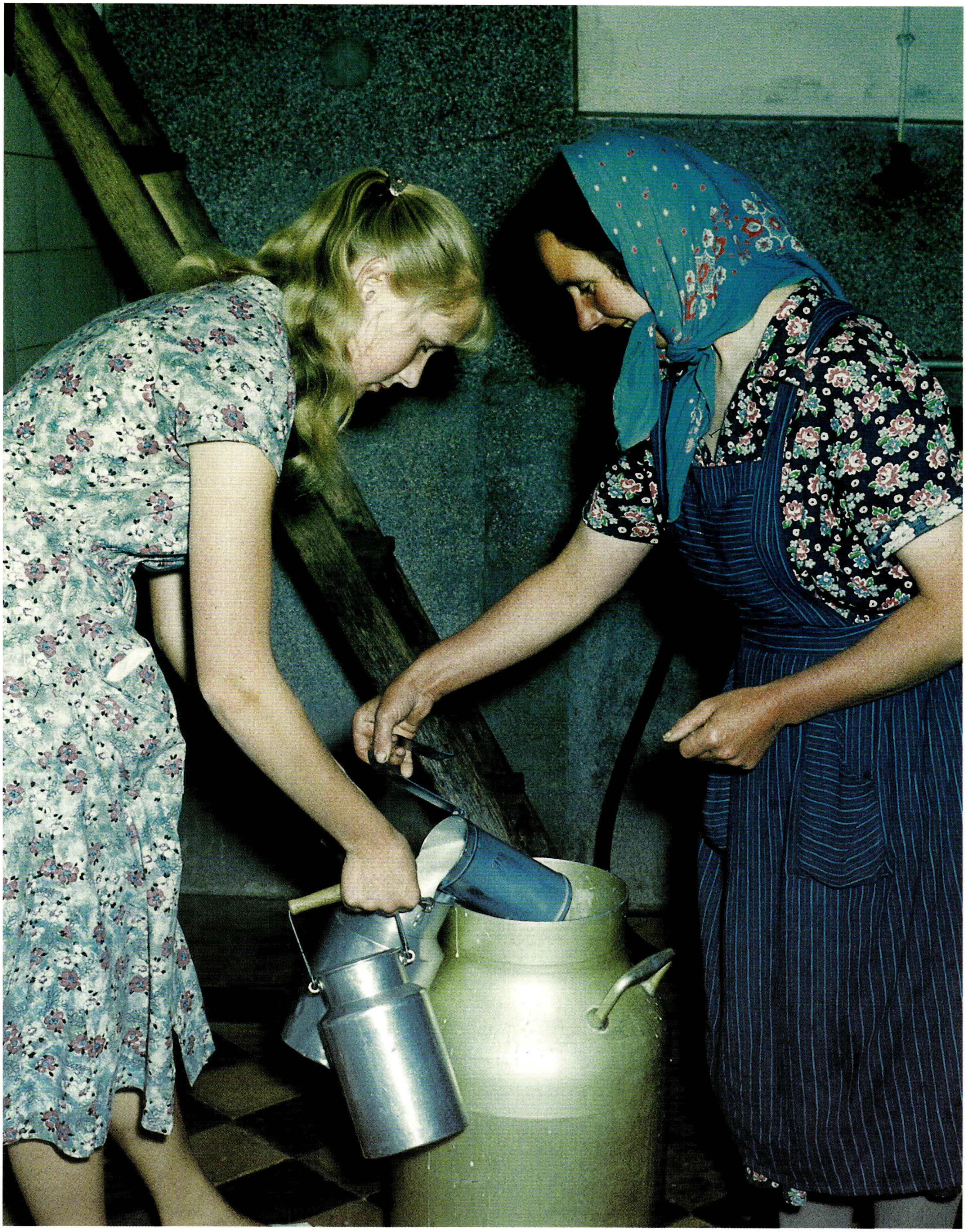

Noch einmal Morgenstimmung mit der Breiten Gasse als der Hauptstraße des Dorfes. Der Kirchturm und manche Giebel leuchten im Sonnenschein, der sich auch über Felder und Wälder im Hintergrund breitet. Der Höhenzug dort war einmal die Küste eines Meeres in der Tertiärzeit.

Mit Leichtmotorrad und Anhänger kommt ein Bauer von der Rahmstation zurück. Auf dem kleinen Bild setzt er zur Fahrt dorthin gerade an und fährt auf Bitte des Fotografen zuerst in die Sonne.

17

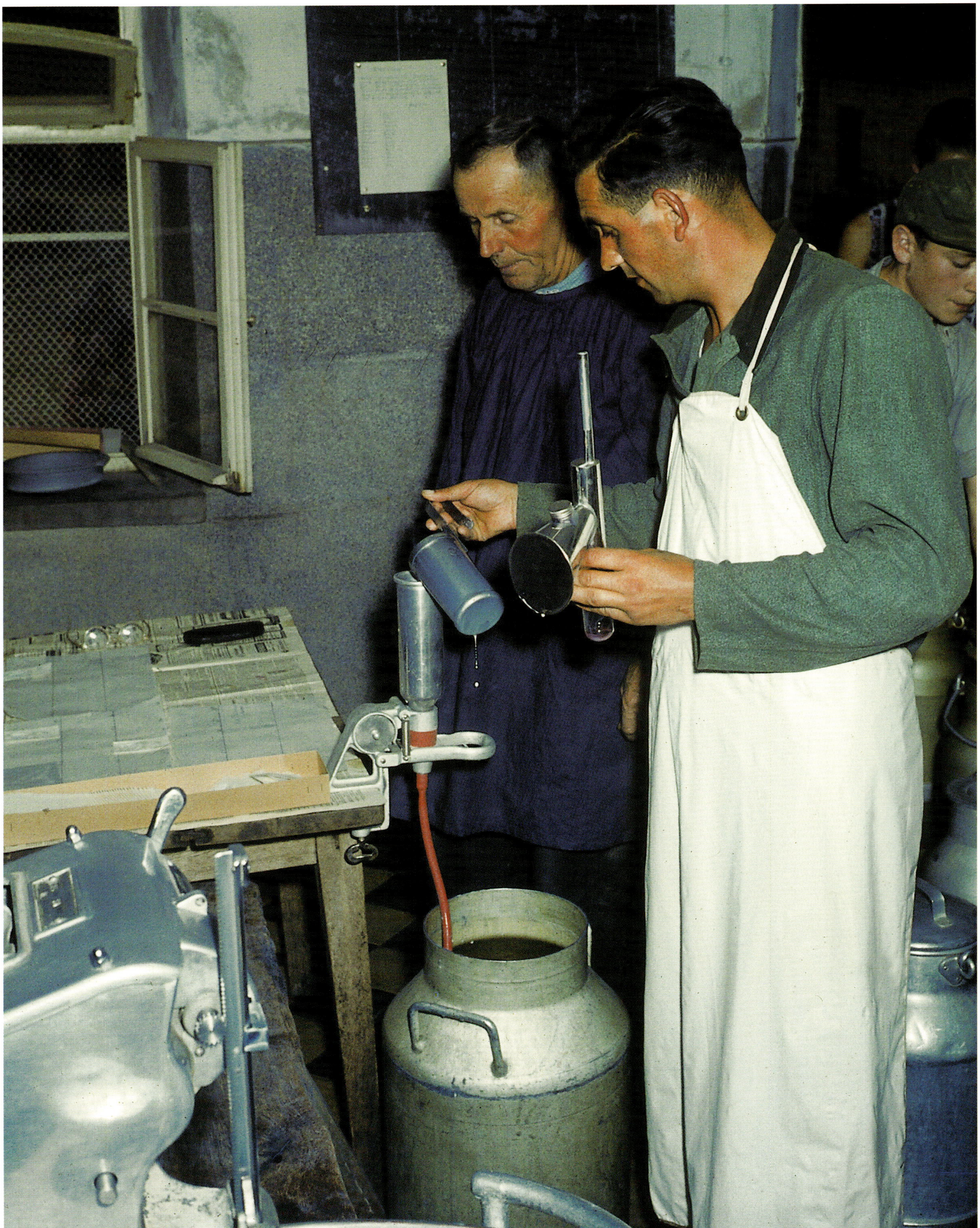

Foto links: Ohne daß die Erzeuger den jeweiligen Zeitpunkt wissen, führt die Genossenschaft jeden Monat eine Schmutzprüfung bei der angelieferten Milch durch. In ähnlicher Weise wird auch der Fettgehalt ermittelt. Von den Ergebnissen wie von der abgelieferten Milchmenge hängt die Höhe der Milchgeldauszahlung ab.

Foto rechts: Einmal jede Woche ist das Brotbacken an der Reihe. Schon am Abend vorher kommt das Mehl in den Trog und dazu ein faustgroßes Stück Urhab, so nennt man den Sauerteig, mit einer Kelle Wasser. Am nächsten Morgen wird das Mehl unter Zugabe von Salz und angewärmten Wasser zum Teig geknetet und bleibt dann stehen, bis man damit zum Bäcker geht. An der hölzernen Decke hängt das den Ofen umgebende „G'rehm" (Gerähme), die Stangen zum Aufhängen feuchter Wäsche oder Kleider.

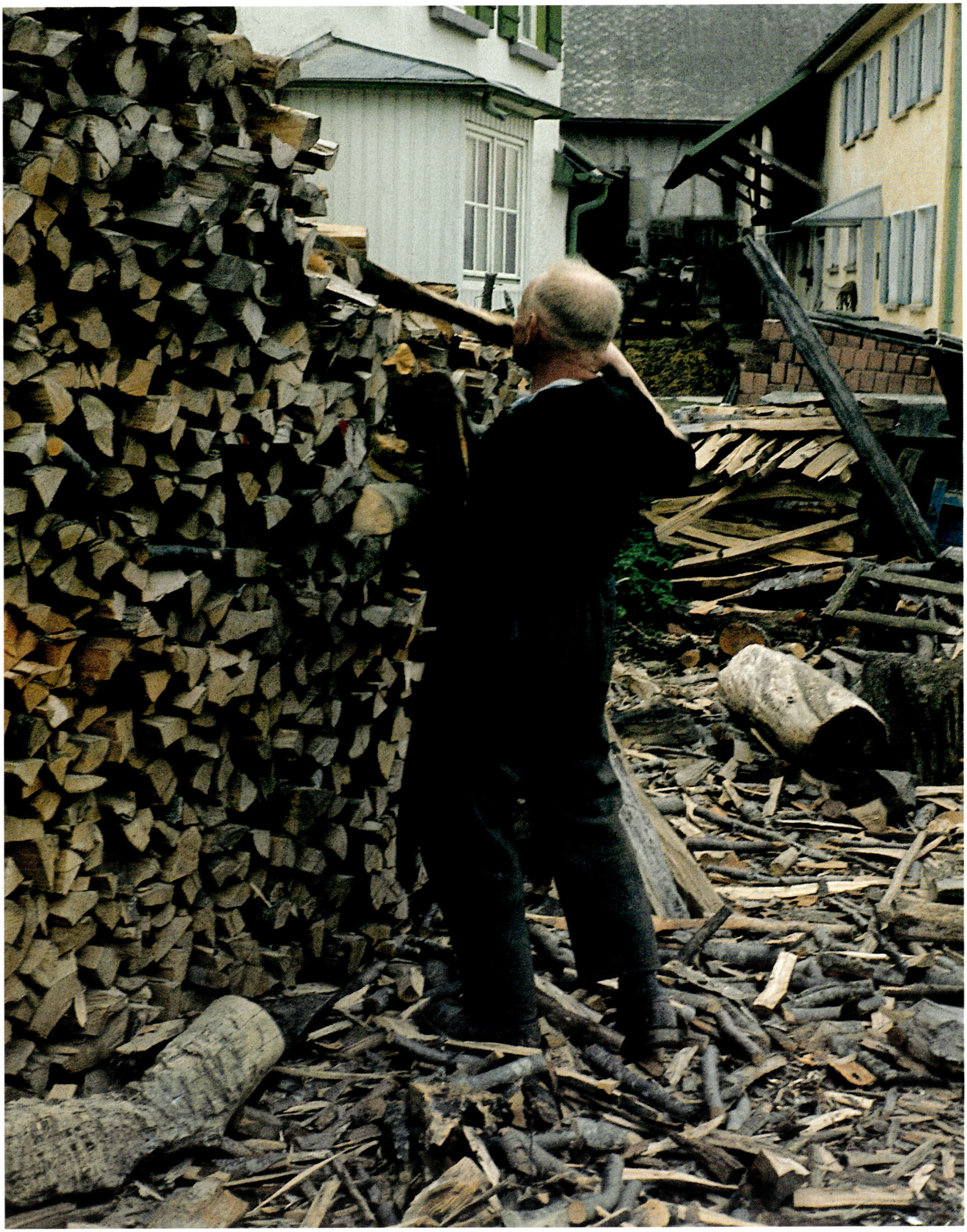

Foto links: Der Wald liefert das Holz für jeden Haushalt zum täglichen Kochen und zum Heizen der Stube im Winter. Der Bäcker erhitzt das Gewölbe seines Backofens vor dem Beschicken mit Brot durch ein starkes Holzfeuer. Dazu holt er sich buchene Scheite aus dem großen Stapel, den er beim Haus sitzen hat.

Dann richtet er das Holz in den Ofen, der eigentlich schon für Kohlefeuerung gebaut ist. Zum Anzünden dienen Reisigbüschel. Wenn das Feuer niedergebrannt ist, werden Glutreste und Asche mit einem „Hudelwisch" entfernt und die Brotlaibe nacheinander eingeschossen (*Foto oben*).

Foto unten: Eine „Bachet" umfaßt so viele Laibe, wie für die Familie in einer Woche gebraucht werden. Für die Aufbewahrung des Brotes gibt es im Keller ein an der Decke hängendes Brett, die „Brothang". Die Holzdecke des Kellers erinnert daran, daß er einst als „Dunk" diente. So nannte man den Raum unter der Stube, in dem der Webstuhl stand in jener Zeit, als die Hausweberei zum Lebensunterhalt neben einer kleinen Landwirtschaft beitragen mußte.

Foto oben: Die Spar- und Darlehenskasse des Dorfes betreibt neben ihren Geldgeschäften in geringem Umfang einen Warenhandel. Dazu gehört der Verkauf von Eierkohlen, die mit Schlepper und Anhängern von der sieben Kilometer entfernten Bahnstation herangefahren werden müssen. Zu den Abnehmern zählt längst nicht jedes Haus, denn man hat ja in erster Linie das Holz aus dem Wald. Jeder Besteller erhält seinen Bedarf dann auf dem Dorfplatz ausgewogen. Die aufgestapelten Balken gehören zum Betrieb einer Zimmerei.

Foto rechts: In der Grube neben der Mistlege sammelt sich vor jedem Stall die Gülle. Als flüssiger Dünger wird sie von Zeit zu Zeit auf die Felder ausgebracht. Neben der Mistlege im Vordergrund steht die erforderliche Güllepumpe.
Bei dieser Dorfkirche erhebt sich der Turm an ihrer Ostseite, also über dem Chor. Die alten Kirchen stehen bekanntlich alle in genauer Ost-West-Richtung. Man spricht hier von einer Chorturmkirche und erkennt daran eine ehemalige Wehrkirche. Darauf weist auch die den ganzen Kirchhof umfassende starke Mauer hin. Kirche und Kirchhof waren letzter Zufluchtsort, wenn Feinde nahten. Das Haus rechts diente vor Jahrhunderten als Wohnung für den Ortsgeistlichen.

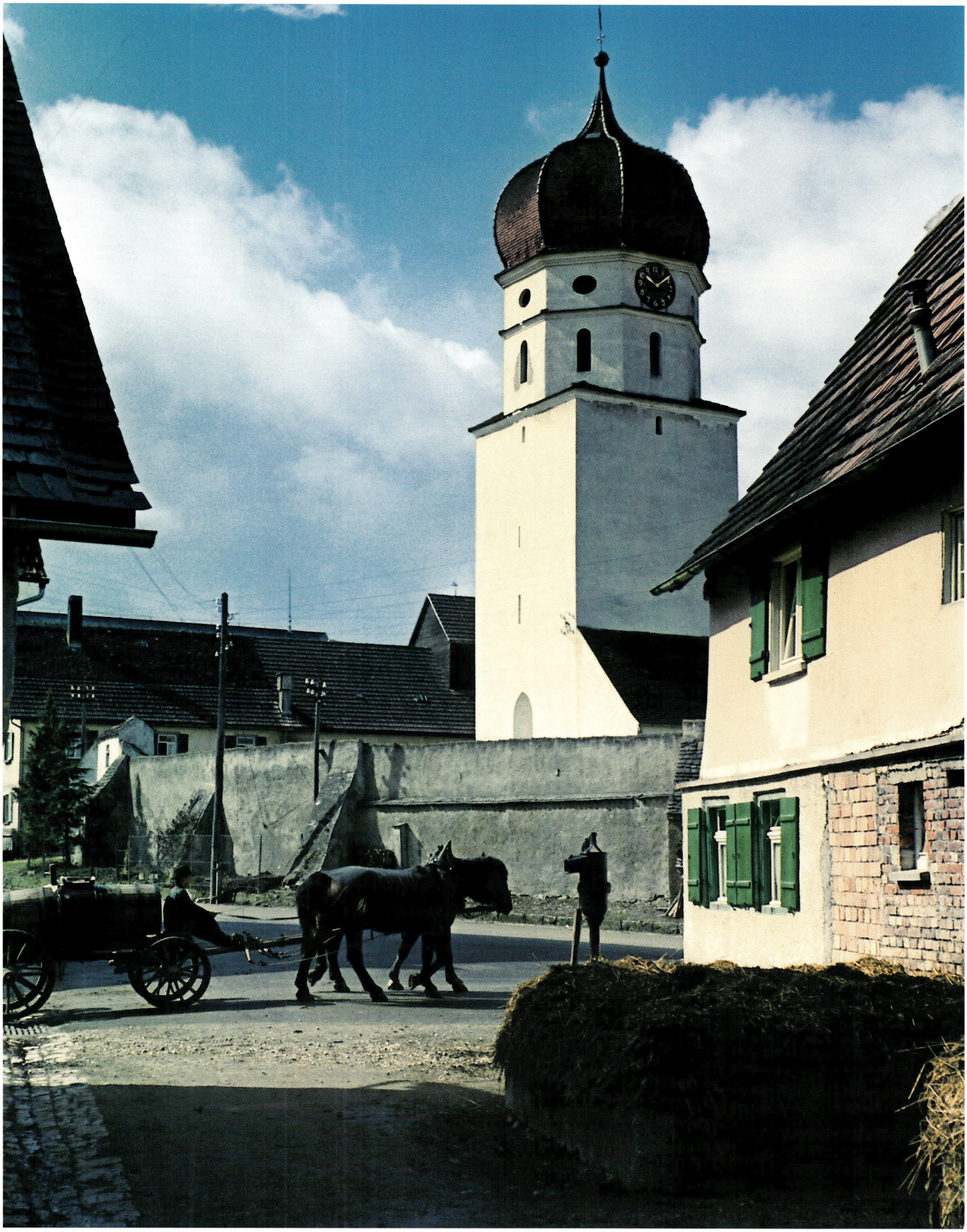

Foto oben: Am Ende des Dorfes liegen die Dorfwiesen. Die Nähe der umliegenden Häuser und die vorbeiführende Straße verlangen eine schützende Abgrenzung. Darum sind Zimmerleute dabei, den alten durch einen neuen Zaun zu ersetzen. Das Ziel der Kinder ist ein Tante Emma-Laden auf der anderen Straßenseite. Dort müssen sie einen Einkauf für die Mutter machen. An der Kirchhofmauer im Hintergrund sitzt der mächtige Holzstoß des Bäckers.

Foto links: Daß Holz das übliche Brennmaterial für Küche und Stube bildete, wurde schon an anderer Stelle gesagt. Jedes Haus, das ein Gemeinderecht besitzt, verfügt daraus über zwei Waldteile. Von dort holt man das Brennholz. Um das Sägen von Hand zu erleichtern, spaltet der Mann vorher seine „Rugel". Vom Fällen der Bäume über Sägen und Spalten bis zum Verbrennen „macht das Holz zweimal warm", denn diese Arbeiten sind schweißtreibend.

Foto oben: Längst bietet das Dorf nicht mehr jedem seiner Bewohner einen Arbeitsplatz. Alte Leute erzählen noch, wie sie einst jeden Morgen eine Stunde zu Fuß über Feld unterwegs waren zur Arbeitsstelle in einem Steinbruch. Am Abend ging es die gleiche Strecke wieder heimwärts. Da kann man es ja fast als ein Vergnügen betrachten, wenn einen das Motorrad bei strahlender Sonne in Windeseile ans Ziel in der Stadt trägt.

Foto rechts: Das Motorrad der jungen Leute auf dem oberen Bild stammt aus dem Fahrzeughandel, der mit der neu errichteten mechanischen Werkstatt verbunden ist. Sie bildet gewissermaßen die Nachfolge der alten Wagnerei, deren Arbeit zwar weniger wird, aber noch nicht ganz überflüssig geworden ist. Wie beim Wagner ist der Landwirt auch beim Mechaniker froh und dankbar, wenn er rasch Hilfe findet.

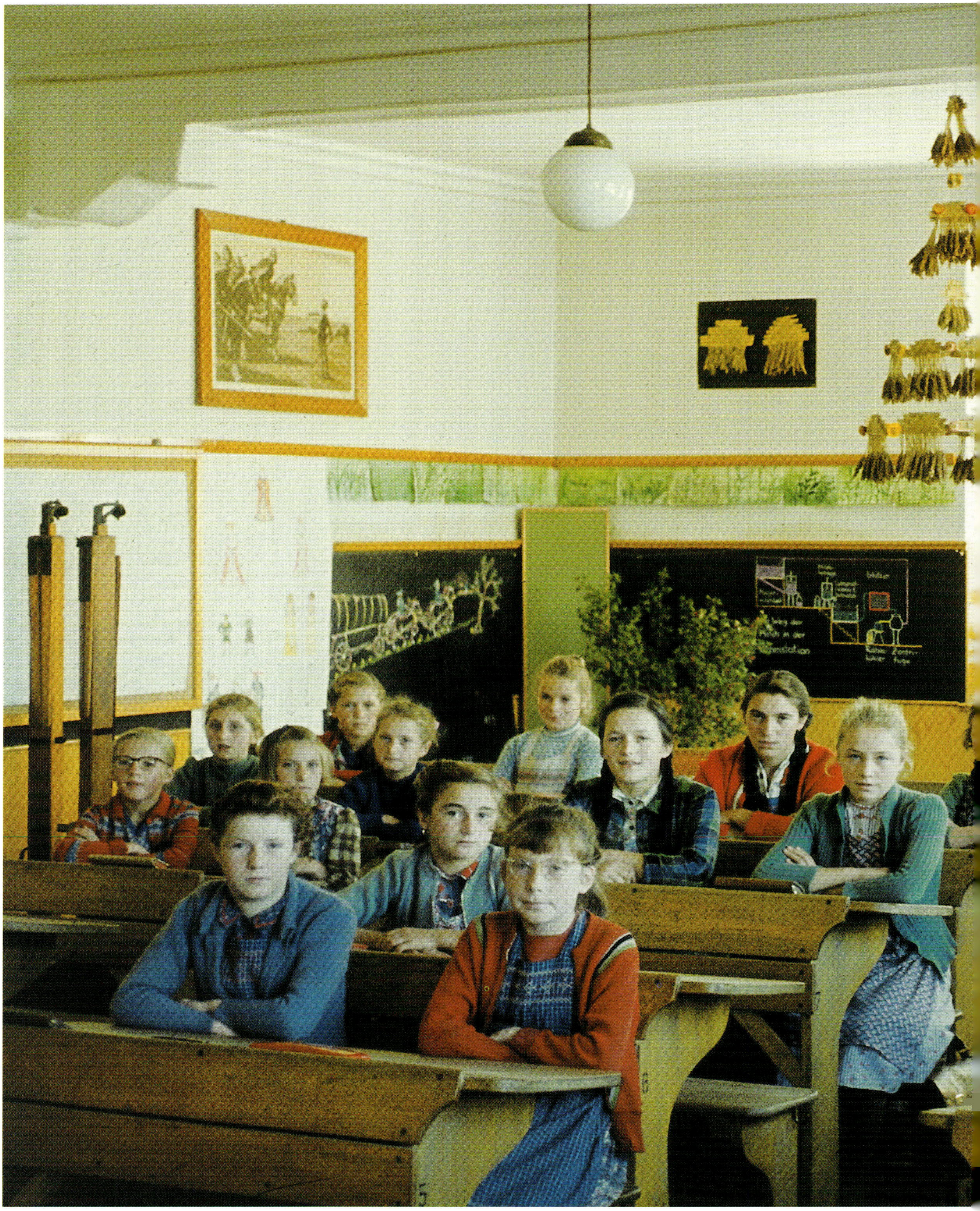

27

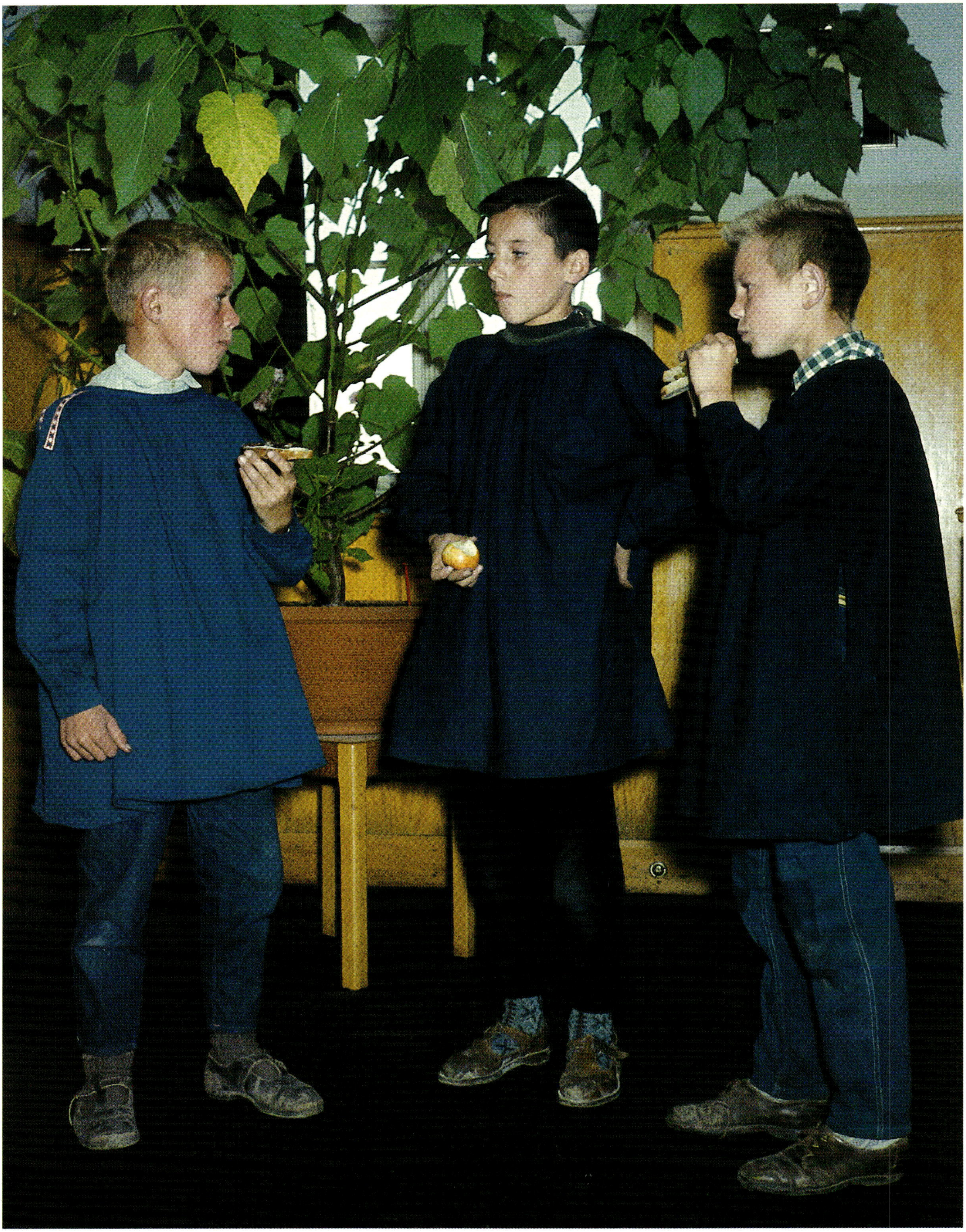

Foto Seite 26/27: „Beim Betreten des Schullokals fühlt man sich in eine behagliche Wohnstube versetzt." So die Einleitung eines Berichts der Schulaufsicht, deren Besuche unangemeldet erfolgten, so daß der schulische Alltag unverfälscht erkennbar blieb und kein „Türke" vorgeführt werden konnte. Trotz der durch die starren Bankreihen symbolisierten strengen Ordnung hatten die Buben und Mädchen eigenverantwortlich völlige Bewegungsfreiheit auch während des Unterrichts. Streifenwandtafel für länger stehenbleibende Skizzen und Anschriebe, Schülerarbeiten, Korktafel und Lautsprecher bilden unentbehrlich gewordene Attribute, die der Renovierung des Schulzimmers zu verdanken sind.

Zweisitzerbänke lösten auf dem Land erst in den 30er Jahren die alten Viersitzer ab und boten mehr Bequemlichkeit. Zum Reinigen des Lokals konnten sie gekippt werden, weil sie auf einer Seite ein Scharniergelenk hatten und durch eine Schiene am Boden miteinander verbunden waren. Die Gefäße mit der Tinte waren so geformt, daß deren Inhalt beim Kippen zurückfloß in den bauchigen Teil.

Foto links: Ein Beitrag der Schule zur Pflege des volkstümlichen Lebens äußerte sich darin, daß noch zahlreiche Schüler aus einheimischen Familien am Tragen des Blauhemdes festhielten, auch wenn sie hier mit Blue Jeans als dem jüngsten Einfluß der Moderne kombiniert erscheinen.

Foto oben: Blauer Himmel mit weißen Wolken, blühende Kastanien, stiller Dorfteich, Federvieh auf dem Weg vom Wasser und der gemächliche Trott eines Kuhfuhrwerks mit Fuhrmann im Blauhemd: Einfach ein Idyll, das es so nicht mehr gibt.

Foto oben: Gegen neun Uhr am Vormittag fährt alltäglich ein Lastkraftwagen des Butterwerks Langenau auf seiner Runde durch die Dörfer an der Molke vor, um den in schweren Kannen gesammelten Rahm vom Abend vorher und dem gegenwärtigen Vormittag abzuholen.

Foto unten: Am Butterwerk sieht man aber auch noch pferdebespannte Fuhrwerke, die dort Vollmilch aus nahegelegenen Sammelstellen anliefern und im Gegenzug Magermilch abholen.

Foto oben rechts: Immer wieder kommt Holz als das bodenständige Brennmaterial in das Bild. Burschen, die dem Posaunenchor angehören, rechnen es sich zur Ehre an, das für das Pfarrhaus bestimmte Brennholz aus dem Gemeindewald zu sägen (im Vordergrund), zu spalten und aufzusetzen (im Hintergrund).

Foto rechts: Das in meterlange Stücke gesägte Stammholz gefällter Buchen ist in die Nähe des Dorfes geschafft worden und wird hier mit Keilen und wuchtigen Axthieben gescheitet, ehe man diese Scheite dann noch in kurze Stücke

Wenn man mit dem Hausmetzger das Schlachten eines Schweines verabredet hat, muß der Fleischbeschauer das Tier vorher lebend besichtigen. Er will sehen, ob das Schwein gesund ist.

Noch bevor dann der Metzger am Morgen erscheint, hat die Bäuerin ihren Waschkessel mit Wasser ganz gefüllt und angeheizt.

Das mit dem Schußapparat getötete Tier liegt im Trog, abgebrüht mit dem heißen Wasser. Alle Hände helfen beim Abscherren der Borsten zusammen. Der Metzger hat zuvor mit einer Kette grob vorgearbeitet. Der Fleischbeschauer muß noch einmal seines Amtes walten, wenn der Metzger den Tierkörper geöffnet und zerlegt hat. Ergibt die Beschau keine Beanstandung, erhält das Fleisch den Stempel für die Freigabe.

In der Küche steht der Kessel mit der Metzelsuppe auf dem Feuer. Der Metzger ist mit dem Wursten beschäftigt. Eines der Kinder beginnt mit dem Austragen der warmen Wurstbrühe. Darin schwimmen Stücke von Kesselfleisch. Verwandte und Nachbarn freuen sich auf diese Leckerbissen.

Für das Haltbarmachen des Fleisches geschlachteter Tiere kannte man verschiedene Methoden, sei es das Pökeln und Räuchern, später das Eindünsten oder Einmachen in Dosen. An diese Kette schloß sich in den 50er Jahren das Einfrieren auch von Fleisch an. Nahezu alle Häuser beteiligten sich an der neugegründeten Gefriergemeinschaft, denn Gefriermöbel für jeden Haushalt waren noch nicht auf dem Markt. Ihre „G´friere" mit 72 Truhen richtete die Genossenschaft im Dachgeschoß des Molkereigebäudes ein. Dort kann sich jedes Mitglied nach persönlichem Bedarf bedienen.

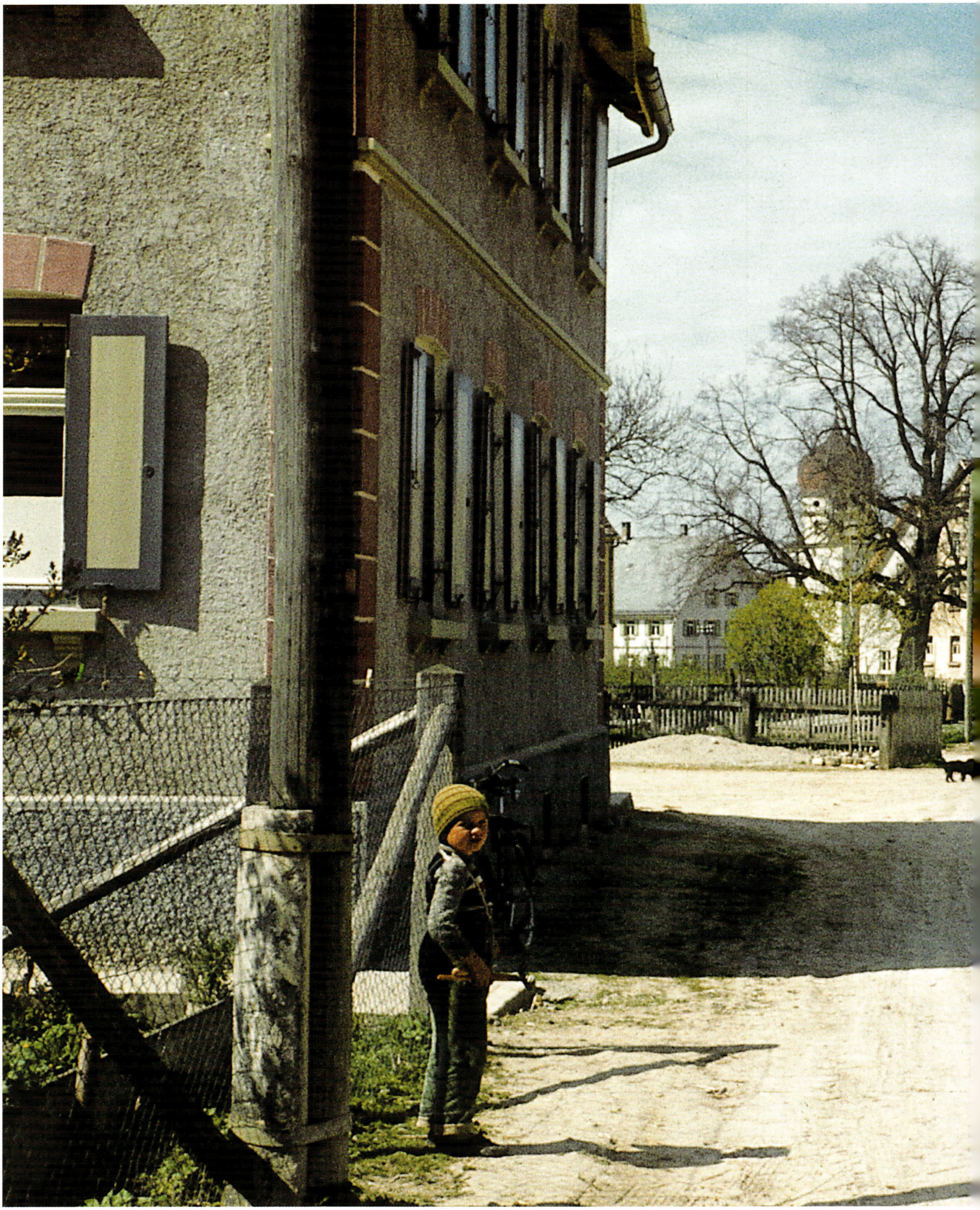

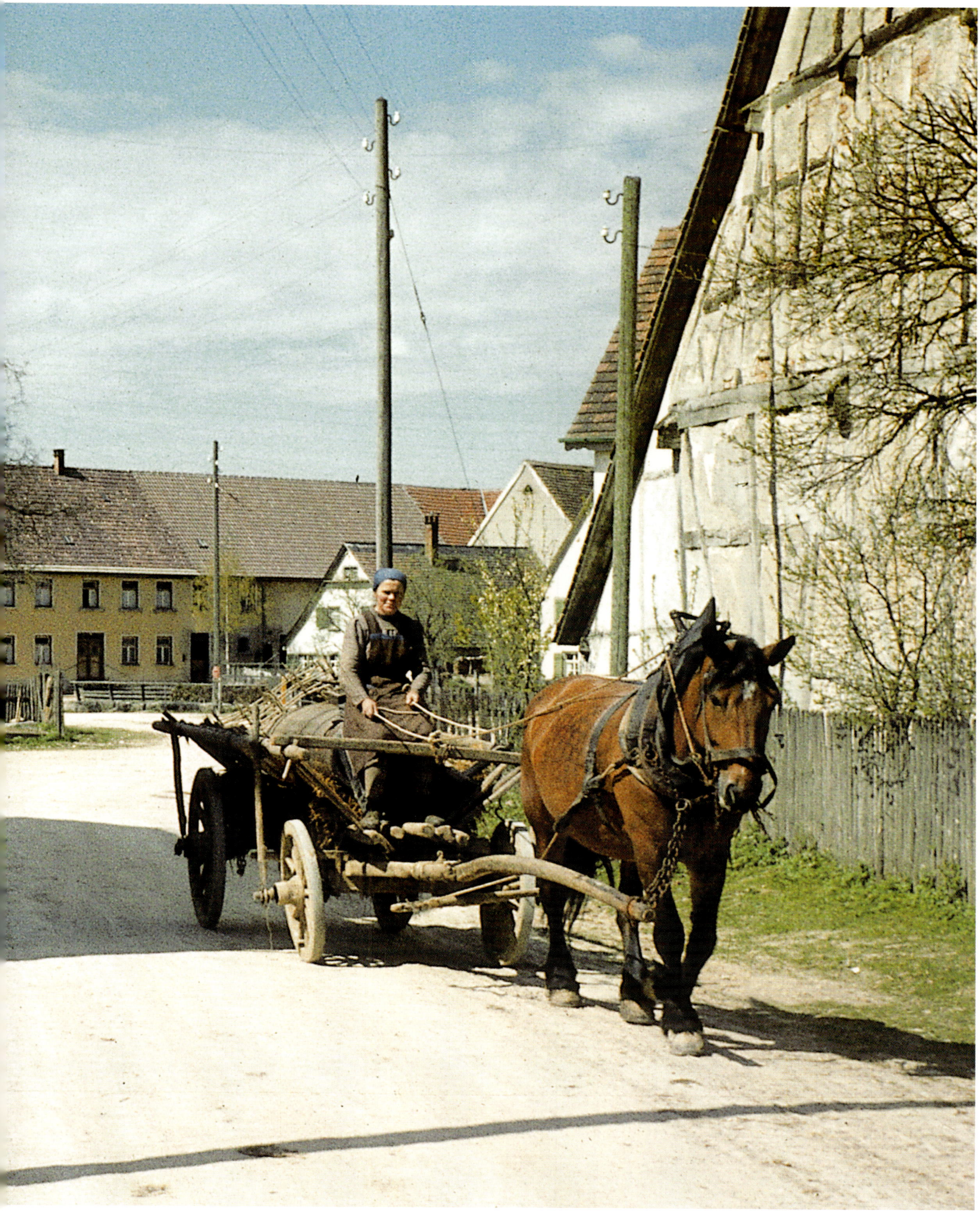

Foto Seite 34/35: Ungezählt sind die Fuhren, die vom Dorf auf die Felder und umgekehrt zu machen sind. Weil bei dieser Aufnahme auch die Dorflinde im Mittelgrund mit ins Bild kommen sollte, erwies die Bäuerin den Gefallen und lenkte ihr Fuhrwerk nach links, was die Verkehrslage dort auch heute noch gestatten würde. Aber die Linde, das Wahrzeichen des Dorfes, gibt es nicht mehr.

Foto links oben: In der Wagnerei sind Vater und Sohn dabei, die Nabe aus Eichenholz eines neuen Rades auszubohren, damit sie dort danach die eiserne Büchse einschlagen können.

Foto links unten: In der Schmiede sind es auch Vater und Sohn, die einen Speichenring warm auf die Nabe eines neuen Rades treiben.

Foto Mitte: Das Rad ist fertig und kann auf die Achse am Wagen gesteckt werden. Ein Schmierbock hält ihn dazu hoch. Schmierbock deshalb, weil man ihn immer wieder beim Abnehmen der Räder braucht, wenn man die Achsen schmieren will. Am Schmierbock lehnt eine neue „Luixam" (Leuchse), mit der sich nach Anbringen der Leiterbaum auf die Achse stützt.

Foto rechts: „Bitte recht freundlich!" Ein Bild, das Ruhe vollendet ausstrahlt, am Rande eines Feldes, auf dem der Landwirt mit Handarbeit beschäftigt ist.

38

Foto links: Der Amtsdiener, landläufig „d e r Polizei", weil er früher auch die Festnahme straffällig gewordener Landstreicher und deren Arretierung auszuführen hatte, besorgt neben anderen Dienstgeschäften für das Bürgermeisteramt auch das „Ausschellen von Bekanntmachungen". Das geschieht an mehr als dreißig Plätzen im Dorf immer nach 11 Uhr, damit in jedem Haus auch jemand anwesend ist.

Foto rechts: In dem Haus, vor dem die Buben stehen, treffen sich während der Winterzeit die Burschen der „Kameradschaft" zu ihrer abendlichen Unterhaltung und zum Kartenspiel. Als Dank an die Hauseltern für die Beherbergung setzen sie ihnen in der Mainacht einen eigenen Maibaum vor das Haus.

Foto oben: Im Dorf mit ungefähr 650 Einwohnern gibt es rund 500 Gänse. Die meisten sind als Martins- oder Weihnachtsgänse vorgesehen. Außerdem liefern sie die Federn zum Füllen von Kissen. Weil die Federn immer wieder nachwachsen, „b'reift" man die Gänse während des Sommers etwa alle sechs

Wochen, das heißt man rupft ihnen die feinen Federn im Brustbereich und unter den Flügeln aus. Das sind die Daunen. Auf dem Bild läßt sich das deutlich erkennen.

Foto links: Nach dem „B'reifen" verlieren die Gänse bei ihrem Watscheln zum Wasser noch von ihrem Flaum. Der Wind würde ihn verwehen, wenn es nicht auch dafür noch Liebhaberinnen gäbe. Heimatvertriebene machen sich die Mühe, diese feinsten Federchen aufzulesen und zu sammeln, auch zum Füllen von Kissen.

Foto oben: Zu den Gemeindediensten zählt auch die Arbeit der Schuldienerin. Ihre Schwestern helfen ihr beim Schrubben der Schulbänke vor dem Schulhaus.

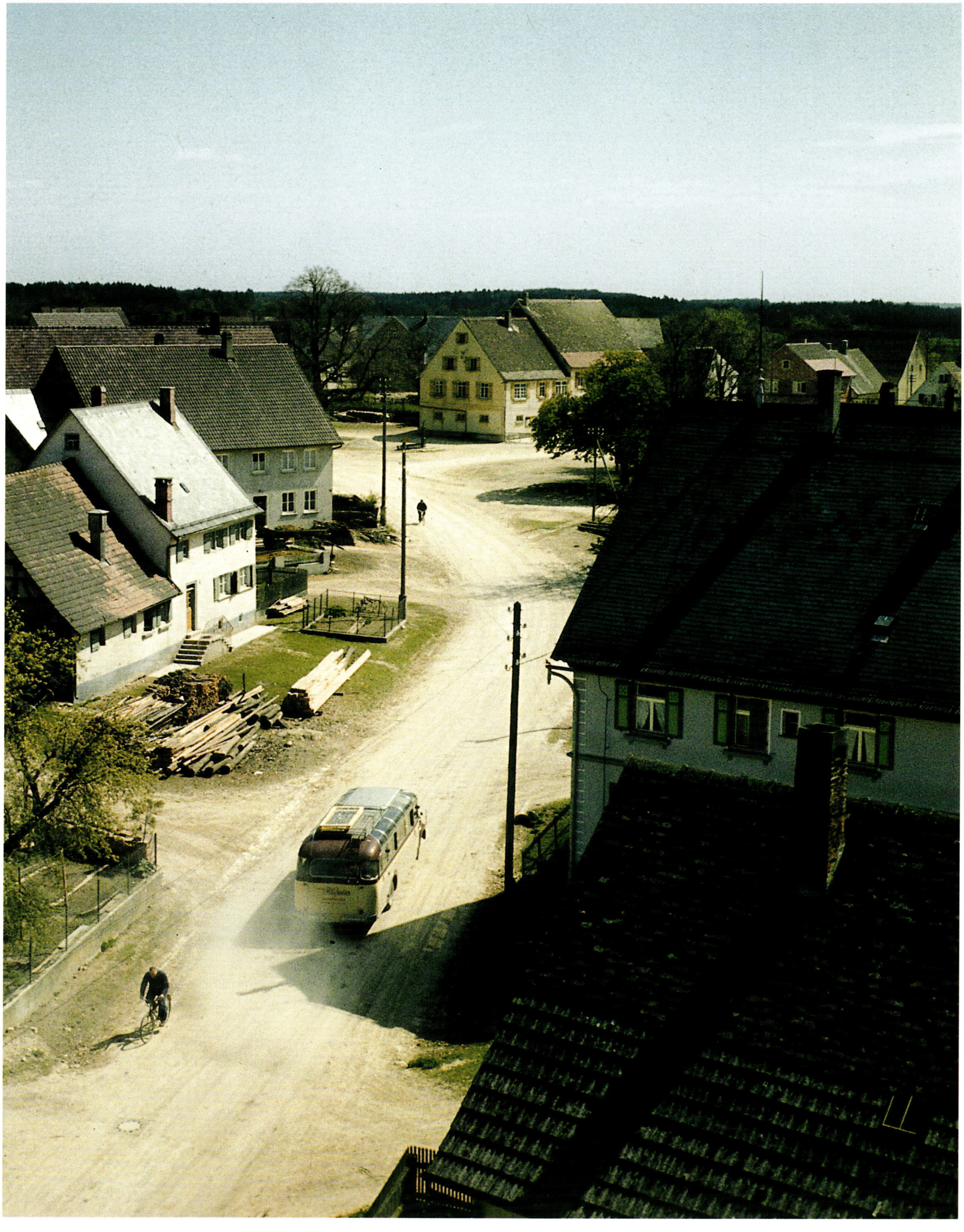

Foto links: Der Weg zu den im vergangenen Jahrhundert gebauten Eisenbahnlinien ist vom Dorf aus sieben oder sogar zwölf Kilometer weit. Boten zu Fuß, zu Pferd oder mit Fuhrwerk stellten jahrhundertelang die Verbindung zu anderen Orten her. Das im Dorf ansässige Botengeschäft ging schon in den 30er Jahren zur Motorisierung über, vor allem mit Omnibussen als Spitze.
Auf dem Bild liegt das Dorf still in der Sonne eines frühen Nachmittags, denn alles ist auf dem Feld, als ein Bus mit Fahrgästen und erledigten Botengeschäften aus der zwanzig Kilometer entfernten Stadt zurückkommt.

Foto oben: Eine neu errichtete mechanische Werkstatt mit Tankstelle kündet von der fortschreitenden Mechanisierung und Motorisierung, die auch das noch weitgehend bäuerliche Dorf mit seiner Landwirtschaft erfaßt hat. Das Unternehmen hat sich heute längst zum Autohaus entwickelt.

Foto rechts: Der Mechaniker muß sehr vielseitig sein, denn seine Kundschaft fängt beim Rad- und Mopedfahrer an und reicht bis zum selbstfahrenden Mähdrescher.

Foto oben: Daß die Landfrau von früh bis spät unablässig in der Arbeit steht, braucht hier nicht noch einmal gesagt zu werden. Kaum hat die vielköpfige Familie den Löffel nach dem Mittagessen weggelegt, heißt es schon wieder, sich auf den Weg aufs Feld zu machen. Aber trotzdem lacht die Frau wie ihre Blumen, mit denen sie die Fenster geschmückt hat.

Foto rechts: Wenn nach tagelanger Arbeit mit Mähen, Schütteln, Wenden und Zusammentun das Heu schließlich bei trockenem Wetter eingefahren werden kann, muß noch einmal eine große Anstrengung bewältigt werden, das Laden der Wagen draußen und das Abladen in der Scheune, alles von Hand mit der Gabel. Die Frau im Bild rechts zieht mit dem Schlepprechen zusammen, was die Gabel nicht auf Anhieb erwischt hat.

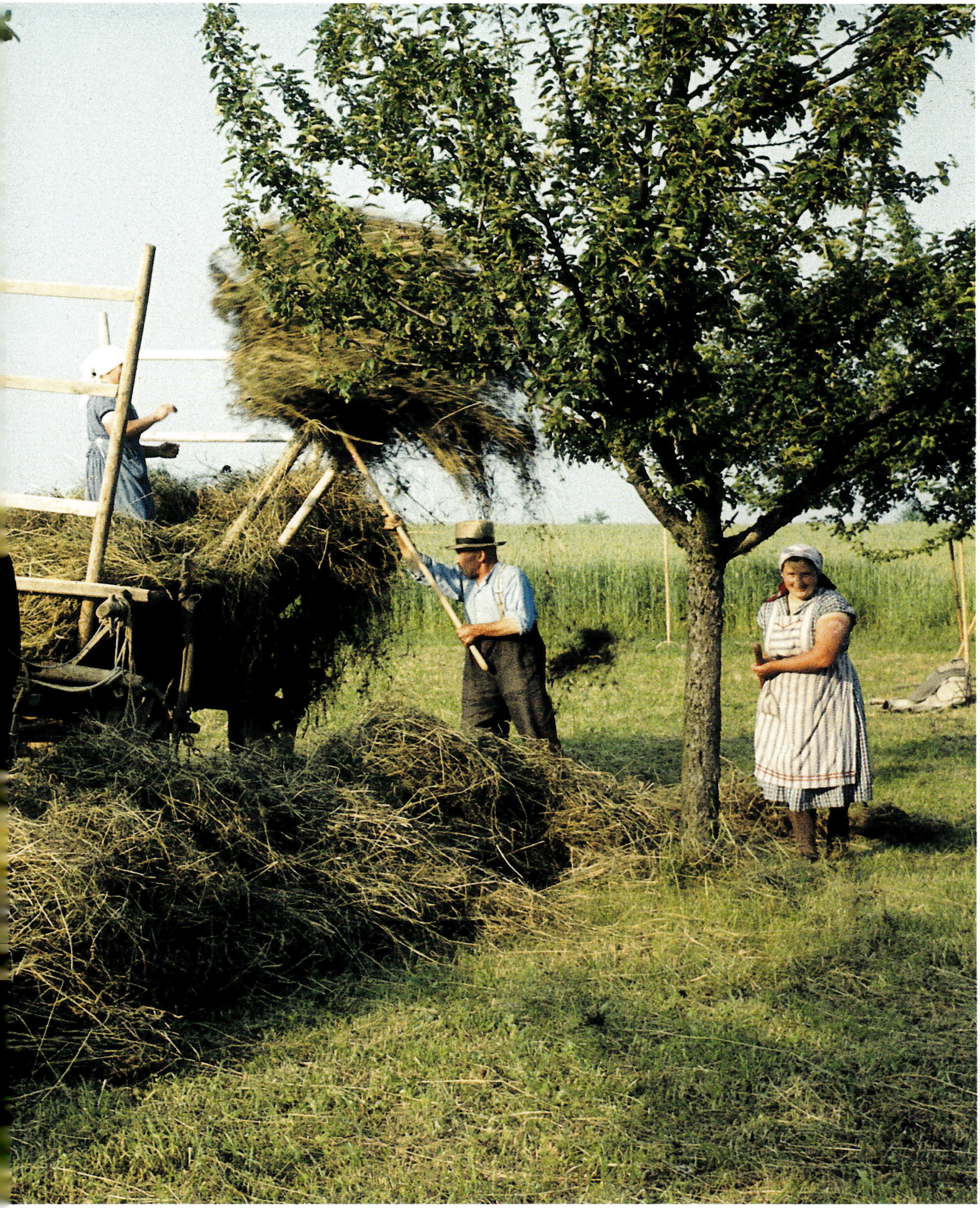

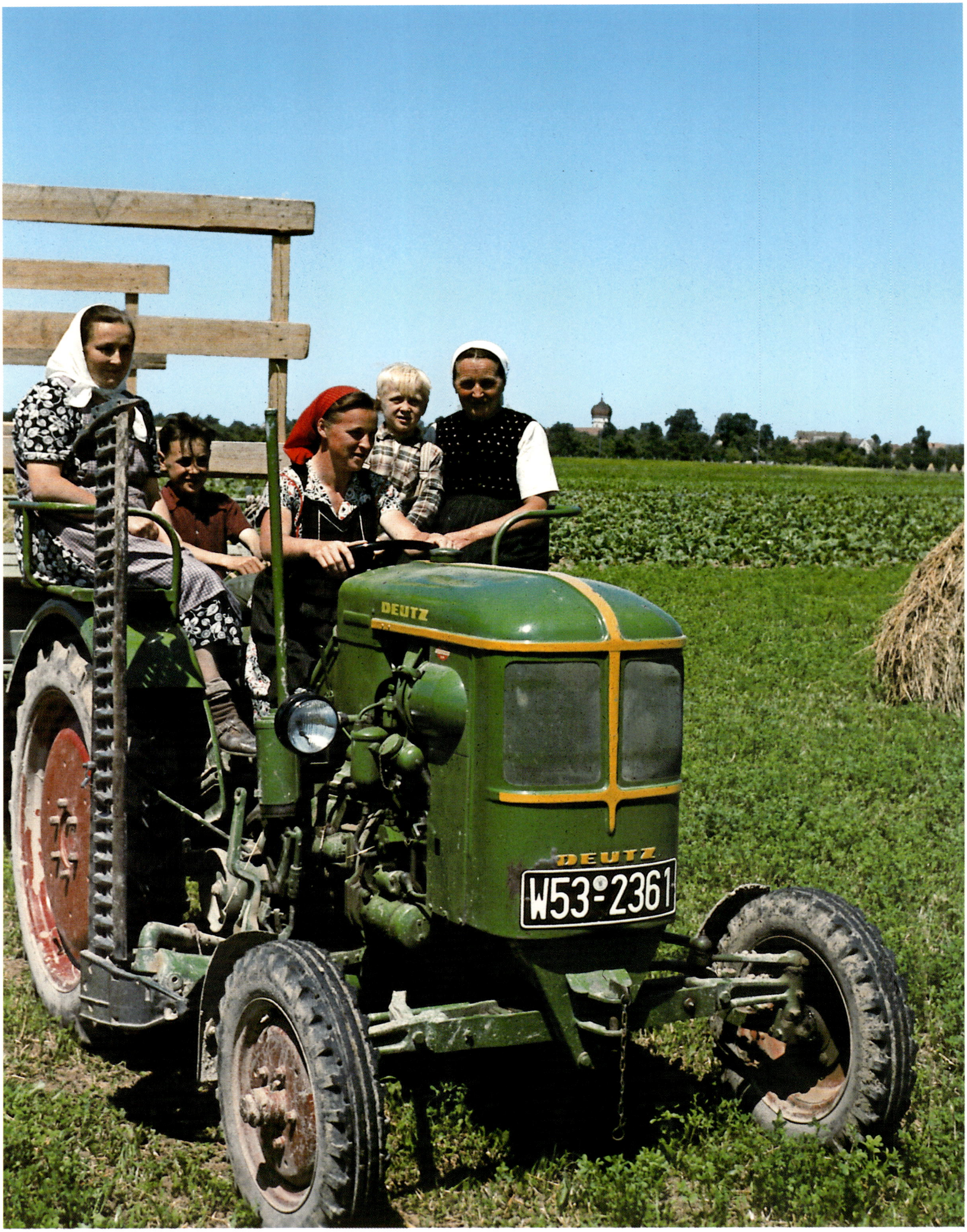
DEUTZ
DEUTZ
W53-2361

Foto links: Den Traktor steuert die älteste Tochter. Die Mutter trägt noch in herkömmlicher Weise die Arbeitstracht der Frauen. Die jüngere Generation brach mit dieser Tradition, dem Trend der Zeit folgend. Die Frau auf der anderen Seite ist Heimatvertriebene und hilft wie die beiden Buben bei der Feldarbeit mit, denn alle Hände werden benötigt. Das Kennzeichen am Schlepper entspricht der von den alliierten Militärregierungen nach dem Krieg eingeführten Art. W bedeutete Württemberg, 53 (und 54) waren die Nummern für den Landkreis Ulm, dann folgte die Nummer des einzelnen Fahrzeugs.

Foto oben: Streuobstwiesen und größere Gärten umgeben das Dorf. Würzgärtchen liegen beim Haus und liefern vor allem das, was man schnell für die Küche braucht. In den größeren Gärten stehen Sträucher mit roten und schwarzen Johannisbeeren, „Träubla" genannt. Die Frauen sind gerade mit dem Pflücken beschäftigt, damit sie zu Hause „G'sälz", das ist Marmelade, daraus kochen können.

Foto oben: Die Albdörfer mußten das Wasser der Niederschläge in Hülen oder Lachen (Dorfteichen) und in Zisternen bei den Häusern sammeln. Die Hülen dienten der Viehtränke und bildeten die Löschwasserreserve für Brandfälle. Das von Karl von Ehmann im Auftrag der königlichen Staatsregierung im vergangenen Jahrhundert geschaffene Werk der Albwasserversorgung brachte segensreiche Abhilfe. Die Hülen blieben das Element der Enten und Gänse und lieferten noch Gießwasser nicht nur für Hausgärten, wie auf dem Bild zu sehen, sondern auch für Äcker mit Rübensetzlingen, wenn der notwendige Regen auf sich warten ließ.

Foto rechts: Eine Fuhre Heu zu laden ist nicht immer leicht. Manchmal besteht die Gefahr, daß die Ladung rutscht, wie hier auf dem Bild kurz vor Erreichen des Hofes. Daher versucht der Mann hinten am Wagen zu verhindern, was andere zu einem spöttischen Lächeln veranlassen könnte. Auch hier ist wieder die Arbeitstracht der Frauen zu sehen.

Rechts hinter dem Fuhrwerk steht noch die gußeiserne Säule eines der öffentlichen Brunnen, die 1881 durch die Albwasserversorgung ins Dorf kamen.

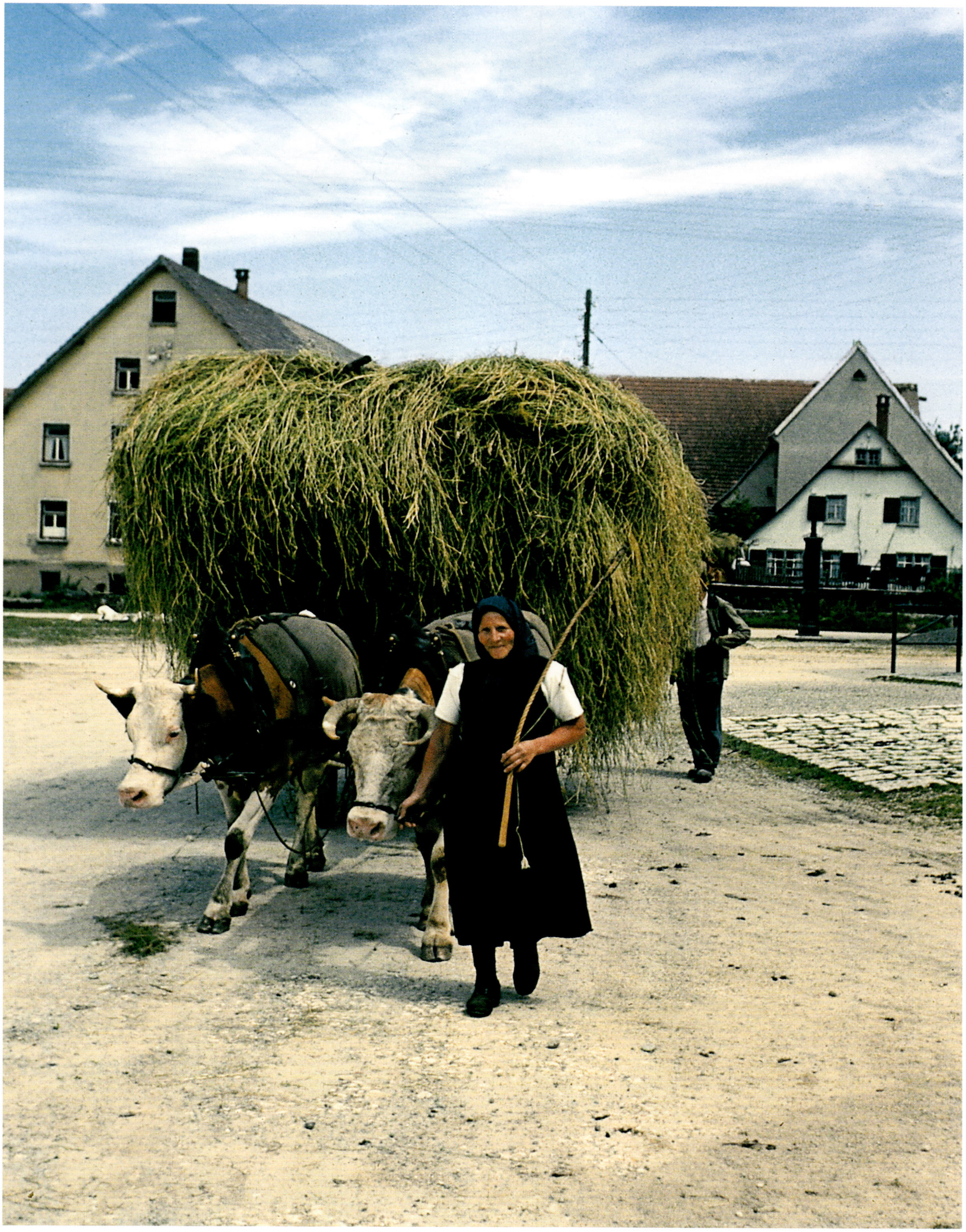

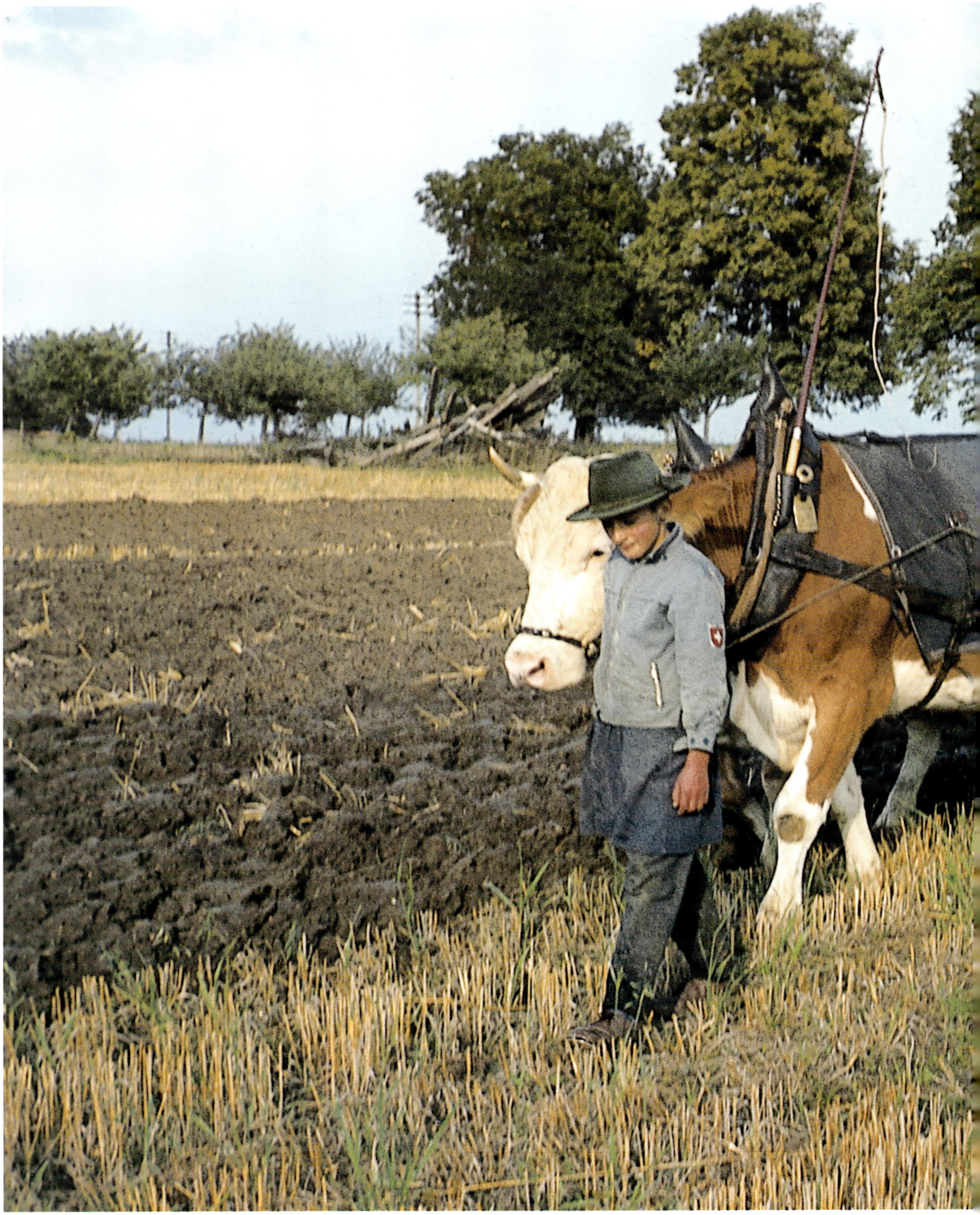

Wenn man jemand zum Führen der Kühe vor dem Pflug hat, geht die Arbeit besser voran. Das Menen, so nannte man das Führen und Antreiben der Zugtiere, übertrug man gerne Kindern. Hier sieht man Großvater und Enkel bei der Arbeit.
Die stattlichen Linden im Hintergrund säumen die Ulmer Straße.

Foto oben: Für Kleinlandwirte ist die Landwirtschaft vielfach mit einem Handwerk verbunden. Bei solchen Anwesen stehen die Kühe nicht nur als Milchlieferanten im Stall, sondern auch als Zugtiere. Die „Schaffkühe" dienen zum Ziehen von Wagen und Pflug. Bis sie aber mit dieser Arbeit vertraut sind, bedarf es erheblicher Anstrengungen beim Angewöhnen. In der Milchleistung bleiben sie zwangsläufig hinter reinen Stallkühen zurück.

Foto links: Die Gänsemutter führt ihre Küken schon bald zum Wasser. Noch sind die Jungen aber damit nicht vertraut. Das weiß die Großmutter. Darum steht sie mit dabei. Der niedrige Wasserstand der Hüle macht deutlich, daß es schon eine Zeitlang nicht mehr geregnet hat.

Foto rechts: Mehrere Male am Tage erklingt eine der Glocken vom Kirchturm, schon in aller Frühe zum Wecken, dann um neun Uhr, um elf und um zwölf Uhr. Die Vesper-Glocke gibt es nicht mehr, aber das Abendläuten oder die Betglocke schließt den Tag ab. So gliedert das Läuten der Glocken den Tag in seine bestimmten Abschnitte, die jedem im Dorf geläufig sind. Auf dem Bild läutet die Mesnerin die letzte Glocke des Tages. Heute versehen elektrische Läutemaschinen diesen Dienst.

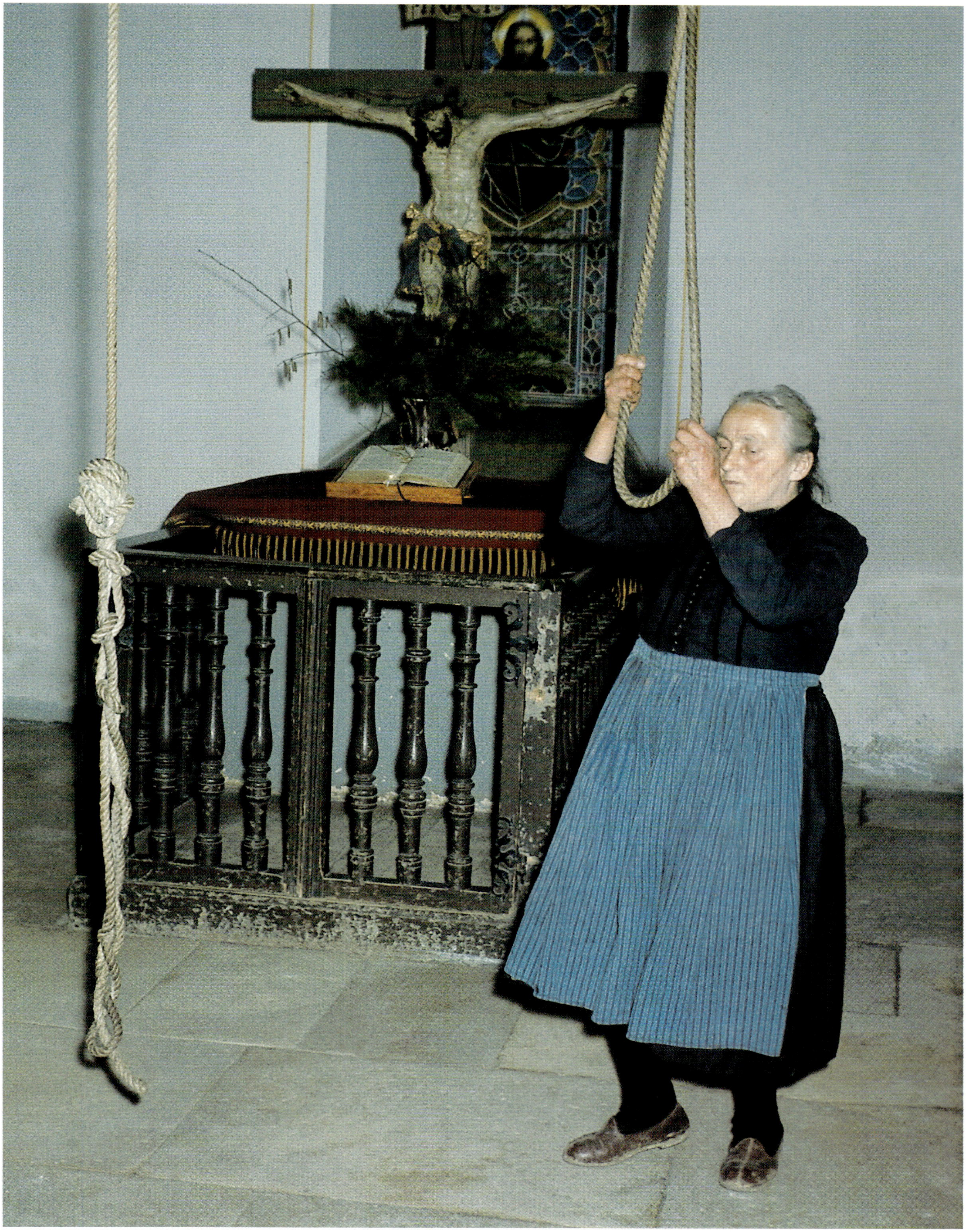

Der Abend senkt sich über das Dorf. Das Federvieh ist von der „Lache" nach Hause geholt worden. In den Ställen brennt Licht, weil noch gefüttert und gemolken werden muß. Neben der Haustür haben sich Nachbarsleute der Großelterngeneration zum Rückblick auf den Tag zusammengesetzt. Auch sie standen wieder in der Arbeit.

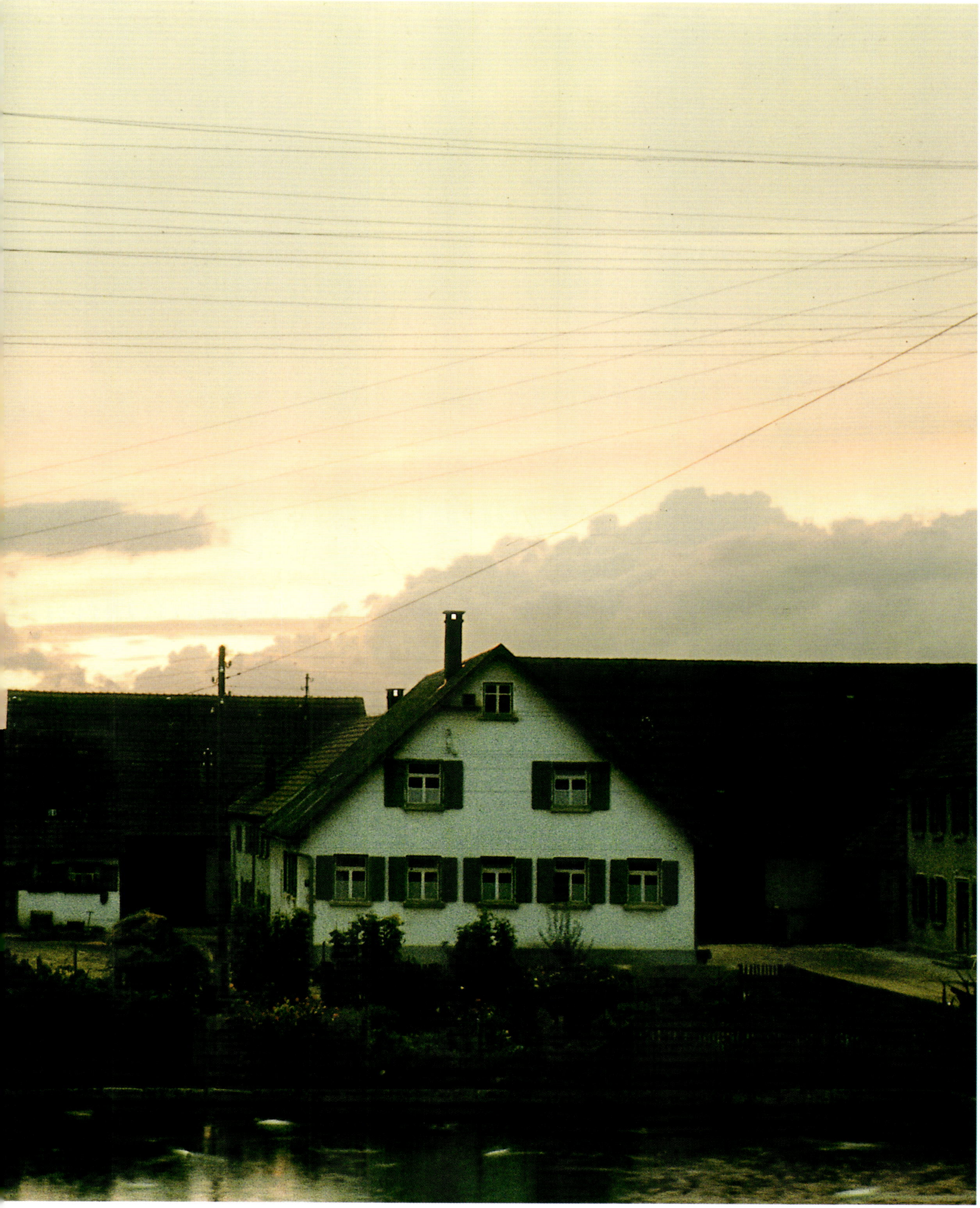

Foto oben: Auch auf dem Rathaus ist noch Betrieb. Der Amtsdiener hat am Mittag „ausgeschellt", daß am Abend „Unterstützungsgelder" abgeholt werden können. Dabei treffen sich Heimatvertriebene im Rentneralter.

Foto rechts: Der Gemeindepfleger versieht die Geldgeschäfte der Gemeinde. Was sich nicht bargeldlos abwickeln läßt, geschieht mit Ein- und Auszahlungen bei den abendlichen Dienststunden, denn tagsüber fordert die eigene Landwirtschaft ihren Mann.

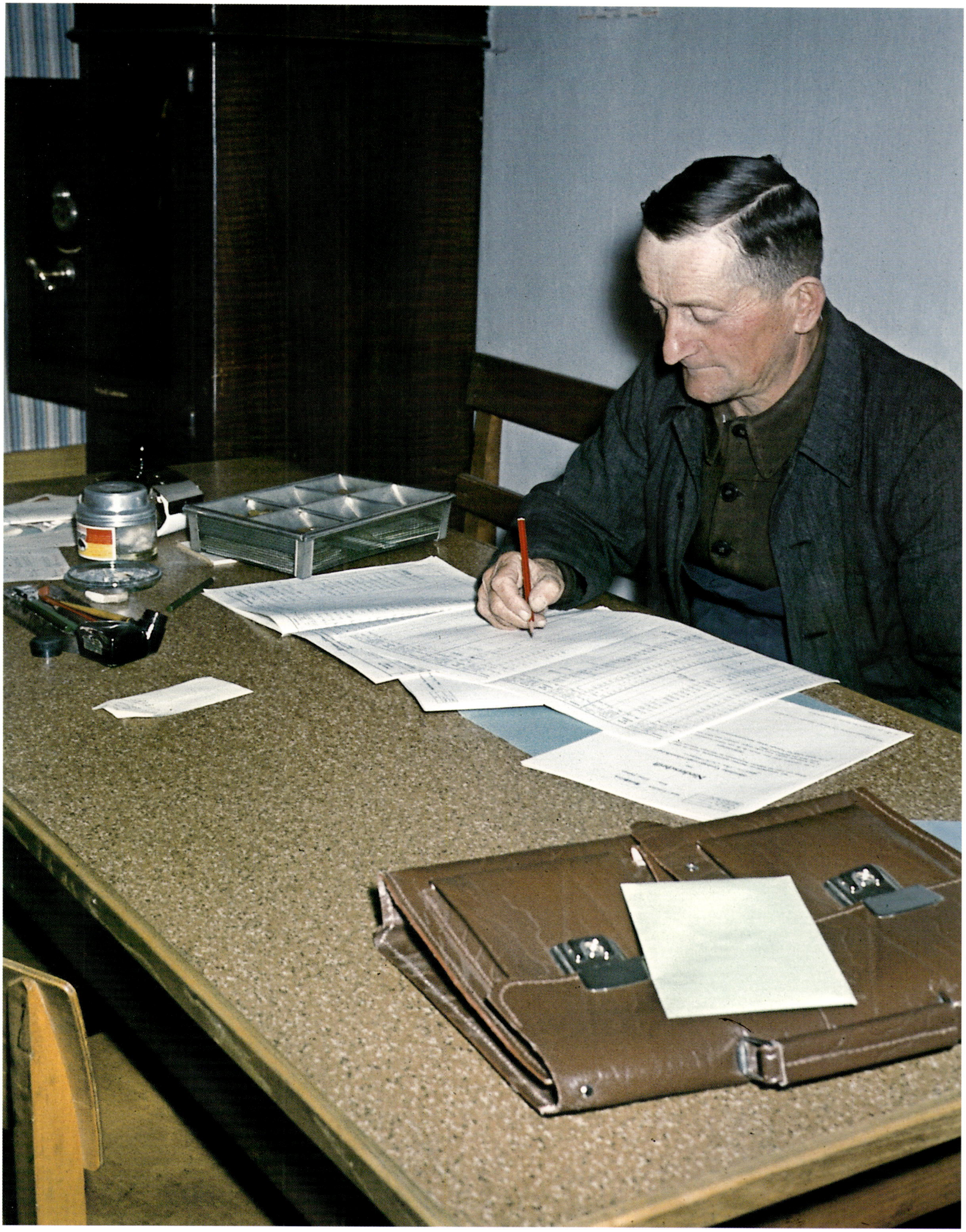

Der Gärtner aus dem Nachbardorf weiß, daß er seine Kunden am ehesten abends antrifft. Darum ist er mit seinem Dreiradfahrzeug oft noch bei Dunkelheit unterwegs und verkündet sein Erscheinen mit einer Handglocke.

Auf die niedersinkende Nacht angewiesen ist ein Filmdienst, der Freiluftkino bietet. Die Zuschauer der kostenlosen Vorführung sind meist junge Leute, die sich mit Stehplätzen begnügen müssen.

Foto oben: Auch am Abend treffen sich die Gemeinderäte mit dem Bürgermeister im Rathaus, wenn eine Sitzung angesetzt ist. An der Wand hinter dem Bürgermeister hängt die Gedenktafel für die im Krieg gefallenen Männer des Dorfes.

Foto unten: Wem es gefällt und wer Zeit hat, kann sich auch in die Wirtschaft, das ist das Gasthaus, setzen und dort Unterhaltung suchen bei einem Glas Bier.

Foto rechts: Sänger des Gesangvereins finden sich am Abend im Schullokal ein zum Üben, weil sich der Chor zur Teilnahme an einem dörflichen Sängerfest am darauffolgenden Sonntag gemeldet hat. Sonst bleibt der Übungsbetrieb mit den wöchentlichen Singstunden auf das Winterhalbjahr beschränkt.

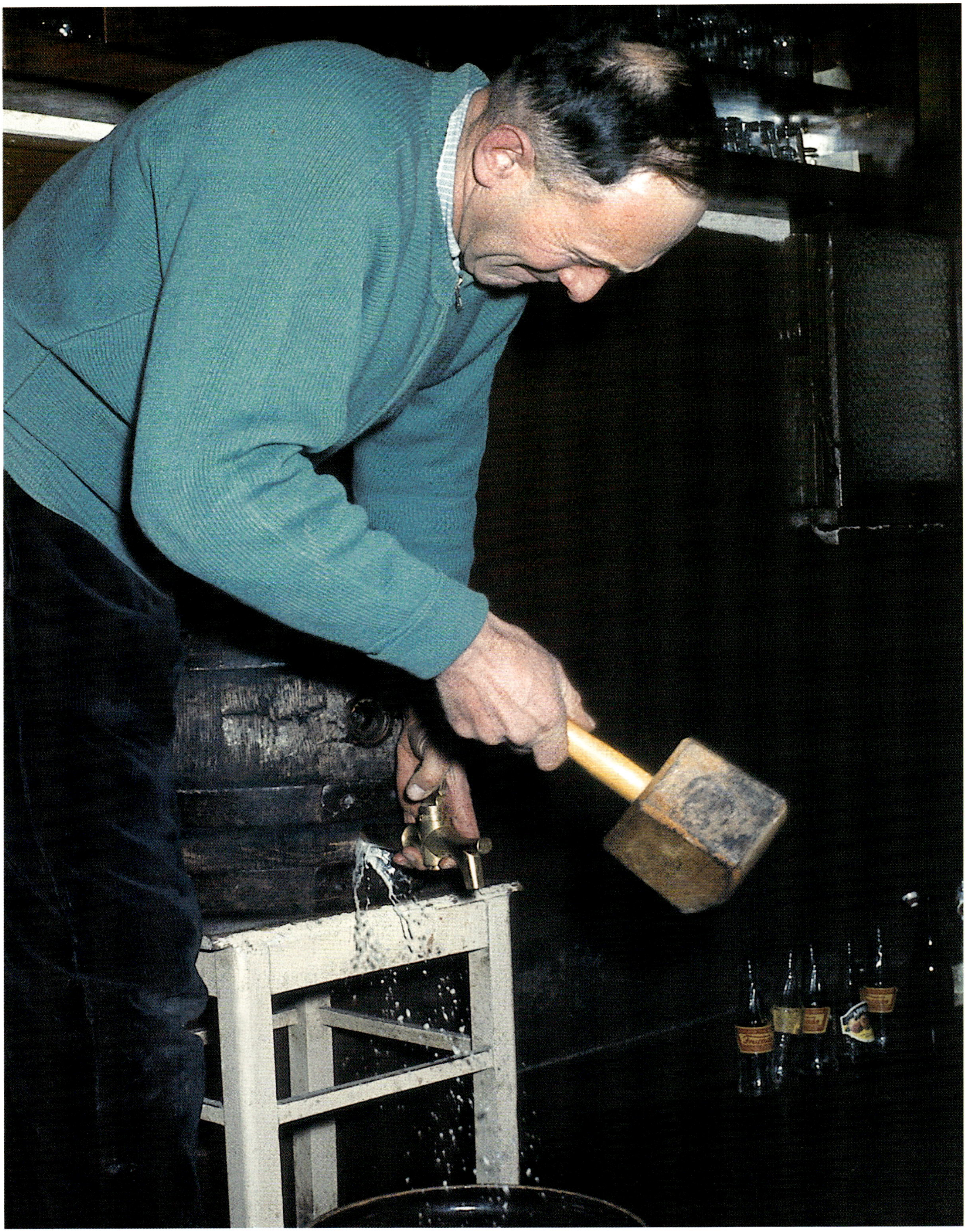

Foto links: Wenn der Singabend erfolgreich beendet ist, schließt sich noch eine Einkehr beim Gastwirt an. Für das Freibier wird dazu eigens ein Fäßchen angestochen.

Foto oben: Dann sitzen die Sänger noch gemütlich beisammen. Ab und zu unterbricht das Singen eines „Schnitzes" die Unterhaltung. „So lustig wia heit isch scho lang nemme gwea. Heit hau i mein alta Schatz au wieder g'säha. Hau Zitterla brocket ond Stiela stau glau. Haus Schätzele gliebet ond wieder gau glau."

Schließlich ist zu hören: „Wenn e hoimkomm, lauf oms Haus rom, klopf ans Kammerfaischter na. Wenn mei Weib frogt, wer do draußa stoht, sag i liabs Weib, dei Ma!"

Ins Schriftdeutsche übertragen: So lustig wie heute ist es schon lange nicht mehr gewesen. Heute habe ich meinen alten Schatz auch wieder gesehen. Habe Zittergras gepflückt und Stiele stehen lassen. Habe das Schätzchen geliebt und wieder gehen lassen.

Wenn ich nach Hause komme, laufe um das Haus herum. Wenn mein Weib fragt, wer da draußen steht, sage ich „Liebes Weib, dein Mann!"

Weitere Bücher von Eugen Sauter

Kindheit auf dem Lande in den 50er Jahren
64 Seiten, Großformat 24,5 x 32,5 cm, zahlr. Farbfotos, Festeinband
ISBN 3-86134-283-9

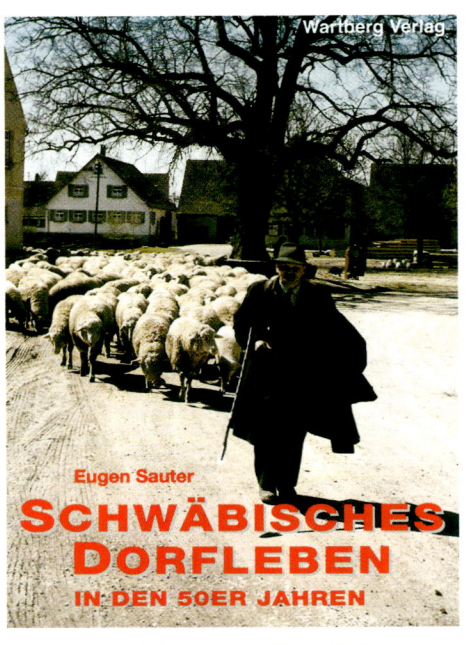

Schwäbisches Dorfleben in den 50er Jahren
64 Seiten, Großformat 24,5 x 32,5 cm, zahlr. Farbfotos, Festeinband
ISBN 3-86134-277-4

Landleben in den 50er Jahren
64 Seiten, Großformat 24,5 x 32,5 cm, zahlr. Farbfotos, Festeinband
ISBN 3-86134-316-9

Sonntags auf dem Lande – Feste, Freizeit, Feiertage
64 S., geb., Großformat 24,5 x 32,5 cm, zahlr. Farbfotos, Festeinband
ISBN 3-86134-400-9

Schulzeit auf dem Lande
Fotografien aus den 50er Jahren.
64 S. mit zahlreichen Farb- und SW-Fotos, Großformat 24,5 x 32,5 cm.
ISBN 3-86134-486-6

Erhältlich überall im Buchhandel, oder direkt beim Verlag

Wartberg Verlag
Im Wiesental 1, 34281 Gudensberg-Gleichen, Tel.: (05603) 9350